MUJERES
LEGENDARIAS

ANA MAYORGAS RODRÍGUEZ

© Ana Mayorgas Rodríguez
© De la presente edición, Prensas de la Universidad de Zaragoza
   (Vicerrectorado de Cultura y Proyección Social)
   1.ª edición, 2025

Imagen de cubierta: *Los hijos de Tarquinio admirando la virtud de Lucrecia,*
Jean-Jacques Lagrenée, 1781

Cuadernos *Libera Res Publica*. Las Mujeres en la República Romana, 3

Directores de los Cuadernos *Libera Res Publica:*
Cristina Rosillo-López
Francisco Pina Polo
Elena Torregaray Pagola

Prensas de la Universidad de Zaragoza. Edificio de Ciencias Geológicas,
c/ Pedro Cerbuna, 12 50009 Zaragoza, España. Tel.: 976 761 330
puz@unizar.es • http://puz.unizar.es

Editorial Universidad de Sevilla, c/ Porvenir, 27, 41013 Sevilla, España.
Tel.: 954 487 447 • eus4@us.es • https://editorial.us.es

ISBN 978-84-1340-953-5
Impreso en España
Imprime: Servicio de Publicaciones. Universidad de Zaragoza
Depósito legal: Z 207-2025

En una sociedad patriarcal y militarista como era la romana en época republicana, las mujeres tenían un escaso reconocimiento público, pero no estaban por completo ausentes de la memoria colectiva. El ideal que las definía era el de ser buenas hijas, esposas y madres, y su actividad se desarrollaba principalmente de puertas adentro. El cumplimiento estricto de este ideal habría impedido, en realidad, cualquier tipo de memoria femenina, porque lo doméstico y cotidiano, por muy perfecto que sea, no despierta interés. La noticia es lo extraordinario y lo que afecta a la comunidad, lo cual implicaba llamar la atención y traspasar el umbral de lo privado. Esto es lo que caracteriza a las figuras más populares de la memoria femenina desde los orígenes de la ciudad hasta mediados del siglo IV a. C., momento en el que el recuerdo femenino pasa de ser individual a ser colectivo.

Cuando hablamos de los orígenes de Roma, y en este caso de sus mujeres, surge una pregunta ineludible. ¿Existieron realmente? Los romanos nunca dudaron de su historicidad, pero la investigación moderna es bastante más escéptica, porque no tenemos fuentes contemporáneas. Por ello, la actitud más «científica» es la de suspender el juicio. Pero hay que reconocer que, frente a la fantasía increíble que destila la mitología griega, estas mujeres romanas son en esencia verosímiles histórica y culturalmente, aunque algunas tienen más visos de haber sido mujeres concretas, de carne y hueso, que otras. A continuación analizaremos algunas de estas figuras de la memoria arcaica de Roma que han dejado huella en el imaginario y el pensamiento europeos: un grupo de muchachas secuestradas, una joven ambiciosa y traidora, una reina poderosa y una fiel esposa ultrajada que decide quitarse la vida.

1.
Las sabinas, secuestradas

Lo de robar mujeres, ganado —y cualquier cosa que pueda ser transportada— es la típica actividad que ha practicado, de forma tradicional, más de una sociedad tribal premoderna. La romana probablemente no fue una excepción, porque resulta poco creíble pensar que inventaron semejante cuento sin experiencia alguna al respecto, no solo como secuestradores, sino posiblemente también como secuestradas. Lo excepcional, no obstante, es que convirtieran la noción del rapto femenino en parte central de la historia fundacional de la comunidad. Al contrario que otros pueblos antiguos, los romanos no especularon sobre cómo se había creado el mundo, cómo habían surgido los dioses o de dónde venía el ser humano. Sin embargo, o precisamente por ello, se preocuparon por dar explicaciones detalladas de cómo había surgido Roma en todos los sentidos. Esto incluía la comunidad cívica. Veamos la historia, que es bien conocida (Tito Livio, *Historia de Roma* 1.9).

Una vez fundada la ciudad por un grupo de origen indeterminado y predominantemente masculino, Rómulo fue consciente de que hacían falta mujeres. Por ello, envió emisarios a los pueblos vecinos para solicitarlas en matrimonio. Previsiblemente los vecinos hicieron caso omiso, de modo que Rómulo tuvo que recurrir a un plan alternativo. Invitó a las comunidades del entorno a celebrar en Roma la importante fiesta de los Consualia, en honor del dios Conso, una divinidad de carácter agrícola. Cuando todo el mundo estaba disfrutando del ambiente festivo, Rómulo dio la orden de que comenzara el secuestro. Aquellos iban a ser matrimonios a la fuerza. Los familiares huyeron despavoridos de Roma, para preparar la guerra, y en la ciudad quedaron para siempre mujeres de las distintas comunidades que habían asistido al festival. El grupo más famoso será el de las sabinas y, por ello, el episodio pasará a conocerse como «el rapto de las sabinas» (fig. 1).

Fig. 1. Francisco Pradilla y Ortiz, *El rapto de las sabinas*, 1874. Facultad de Bellas Artes, Universidad Complutense de Madrid. (Wikipedia).

1.1. Una comunidad cívica completa

El secuestro femenino es un tema recurrente en la mitología de muchos pueblos. Los griegos, por ejemplo, recordaban raptos de transcendentales consecuencias históricas como el de la princesa fenicia Europa, secuestrada por Zeus, o el de la espartana Helena a manos del troyano Paris. El rapto iba acompañado de, y muchas veces motivado por, el deseo sexual masculino, de modo que estas mujeres no solo eran secuestradas, sino también violadas. Los mitos griegos tienen un amplio repertorio —escalofriante a ojos de un moderno lector, por no mencionar a una lectora— de la violencia sexual ejercida sobre las mujeres. El mensaje estaba muy claro: el mundo ha sido siempre así y no va a cambiar ahora. El caso de las sabinas, como vemos, era uno más. Todas ellas fueron raptadas y violadas, pero la historia no acababa ahí. Tito Livio nos cuenta con magistral simplicidad lo que pasó a continuación (*Historia de Roma* 1.9.13-16). Rómulo se molestó en hablar con ellas para explicarles la situación. Por supuesto, la culpa recaía en sus padres por haberse negado a entregarlas en matrimonio. Una vez sometidas al varón que por azar se había fijado en ellas, la idea era convertirlas en legítimas esposas y compartir con ellas los bienes, la patria y los hijos, es decir, transformarlas en ciudadanas romanas de pleno derecho. Así pues, lo que demuestra el final de la historia es que el rapto de las sabinas no trata tanto, o no exclusivamente, de violencia de género, sino especialmente del origen de la comunidad cívica.

La tradición romana hace a las propias sabinas conscientes de su papel. Así, cuando sus familiares hicieron la guerra a Roma para vengar el ultraje del secuestro, ellas, lideradas por Hersilia, intercedieron con éxito para que se firmara la paz. Lo hicieron directamente, en medio de la batalla, interponiéndose de forma arriesgada entre los dos ejércitos, según lo describen los autores clásicos y lo reflejó Jacques-Louis David en su famoso cuadro (fig. 2). Como hijas de sabinos, pero esposas y madres de romanos, ese enfrentamiento militar era una guerra familiar que no podía terminar bien de ninguna manera. Sabinos y romanos condescendieron a pactar. Por ello, el rapto de las sabinas cumple un papel trascendental en la memoria romana como el primer matrimonio legítimo en la ciudad. A partir de ese momento la comunidad cívica pudo funcionar de forma completa y autónoma. Así pues, a los romanos no les preocupaba si las mujeres procedían de la costilla de un hombre, como creían los judíos, o si, por su culpa, se había abierto una caja que había traído todos los males al mundo, como afirmaban los griegos. Lo único que les interesaba era saber cómo habían surgido las primeras ciudadanas romanas y eso lo tenían bastante claro.

Fig. 2. Jacques-Louis David, *Las sabinas*, 1799. Museo del Louvre. (Wikipedia).

Secuestrar a mujeres de las ciudades vecinas obligó a Roma a enfrentarse militarmente con esas comunidades. El más transcendental de los encuentros fue con los sabinos. Por suerte, y con la intermediación de sus mujeres secuestradas, finalizó de forma pacífica. Pero no solo eso. De tal modo se revirtió la situación que romanos y sabinos pasaron de estar dispuestos a matarse a llegar a un acuerdo para fundirse en una única comunidad política gobernada por dos reyes: uno sabino, Tito Tacio, y otro romano, Rómulo. La diarquía no duró mucho tiempo, pero la intención es lo que cuenta. La tradición romana ve en este episodio un momento decisivo, en el que por vez primera se organiza el pueblo de Roma. Tras la integración, se crearon las iniciales divisiones del cuerpo cívico con una finalidad religiosa y política. Son las curias, que recibieron el nombre de treinta de aquellas sabinas. La investigación moderna también otorga importancia a esta leyenda, porque refleja hasta qué punto se concebían los romanos a sí mismos como una sociedad abierta, que a pesar del enfrentamiento armado era capaz de integrar al enemigo a través del matrimonio y de otras formas.

1.2. El duelo del matrimonio

Las explicaciones y justificaciones dadas por Tito Livio, y por otros autores antiguos, acerca del rapto de las sabinas demuestran que, en época de la República, era difícil encajar moralmente la idea del secuestro de la esposa. Eso había sucedido en un pasado lejano en el que acontecieron hechos excepcionales. Lo razonable en el presente era negociar. El padre y el novio debían llegar a un acuerdo sobre el matrimonio y la dote. No obstante, aunque es cierto que el ejemplo de las sabinas no era reproducible, a los romanos les recordaba, de una forma bastante vívida, lo que suponía el matrimonio como ruptura traumática de la relación de la novia con su familia biológica. No significa esto que las bodas romanas fueran la escenificación de ningún rapto. En realidad, consistían, más bien, en una pacífica procesión que iba de la casa paterna a la nueva casa del marido, durante la cual la novia se hacía acompañar por un grupo de asistentes —entre los que no se encontraba el novio—. Pero lejos de ser un momento de alegría, debía predominar sobre todo la tristeza y el dolor, especialmente en el momento en que la novia se separaba de su madre y abandonaba el hogar (texto 1). Es más, la imagen de la perfecta novia era la de una mujer casta y doméstica que sufría al verse forzada a salir del círculo de mujeres en el que había crecido.

Era fácil establecer una conexión con las sabinas. Así, un autor del siglo II d. C. como Festo, que hizo un diccionario abreviado de términos latinos, en la entrada *rapi* (infinitivo presente pasivo del verbo *rapio*, 'arrastrar', 'raptar'), afirmaba que «la joven simulaba ser arrancada (*rapi*) del regazo materno para ser entregada al marido como sucedió felizmente en tiempos de Rómulo» (*Epítome sobre el significado de las palabras* 364). La conexión resultaba fructífera. Uno de los gritos o canto, porque no queda claro qué era en realidad, que se realizaba en las bodas romanas era el llamado Talasio. El significado del término presentaba dudas a los propios antiguos, pero terminaron por vincularlo con el

TEXTO 1.

LA ESPOSA SECUESTRADA

(Catulo, *Poemas*, 62.20.25)

«Héspero, ¿qué estrella hay más cruel moviéndose por el cielo? Tú que puedes arrancar a la hija del abrazo de su madre, arrancar del abrazo de su madre a la hija que se resiste y regalar la casta doncella a un joven ardiente. ¿Qué hacen más cruel los enemigos de una ciudad conquistada? ¡Oh Himeneo, Himeneo, preséntate, oh Himeneo!».

rapto de las sabinas. Así, Tito Livio afirma en su *Historia de Roma* (1.9.12) que una de las jóvenes raptadas, superior a las demás por su belleza, fue reservada para un tal Talasio y que, con el objetivo de que nadie la tocara, los encargados de llevarla ante él iban gritando su nombre mientras atravesaban Roma. Por ello, concluye Livio, a partir de ese momento la expresión se hizo característica de las bodas. Hay que reconocer que a los romanos no les faltaba imaginación.

Gracias precisamente a esa imaginación, que convirtió una extendida tradición tribal premoderna en un acto fundacional e institucional, la imagen de las sabinas raptadas se ha convertido en parte de nuestro patrimonio cultural y visual. En este proceso de recepción, el arte ha ido blanqueando un episodio que implicaba violencia sexual y secuestro de mujeres, hasta convertirlo en una película romántica americana como el famoso musical *Siete novias para siete hermanos* de 1954 (fig. 3). Pero, como hemos visto, ese proceso ya comenzó en la Antigüedad con reflexiones como la de Tito Livio, quien afirmaba que los maridos usaron buenas palabras para mitigar la violencia que habían ejercido sobre sus mujeres. Este comentario indica con claridad que un lector de época de Augusto ya no digería fácilmente el secuestro con violación como parte de la historia de Roma.

Fig. 3. Cartel de la película musical americana *Siete novias para siete hermanos*, de 1954. (Wikipedia).

2.
Tarpeya, la traidora

Durante la guerra con los sabinos, el Capitolio, una de las colinas principales de Roma, estaba protegido para evitar que los enemigos se apoderaran de él. Al frente de la ciudadela estaba Espurio Tarpeyo, quien tenía una hija, llamada Tarpeya, que además era vestal, es decir, una sacerdotisa. Una lectora o lector atento probablemente se pregunte qué hace una mujer romana siendo vestal y vigilando el Capitolio en una comunidad recién creada en la que no había mujeres, razón por la cual hubo que secuestrarlas. La pregunta no tiene respuesta. La memoria sobre el origen de Roma estaba compuesta por cuentos y noticias que circularon de forma oral e independiente durante siglos antes de terminar hiladas en una narración cronológicamente ordenada. Por ello, inicialmente no necesitaban ser *históricamente* coherentes entre sí. Por otro lado, no queda claro tampoco por qué a partir de Varrón, autor romano de mediados del siglo I a. C., se generaliza la idea de que Tarpeya era una vestal. Probablemente, eso encajaba con una mujer «protagonista» que no estaba casada ni prometida, o con ello se quería indicar que no se trataba de una romana cualquiera, lo que convertía su comportamiento en algo mucho más dramático. Pero no adelantemos acontecimientos.

En una ocasión en que Tarpeya había salido del recinto para coger agua, contactaron con ella los sabinos. Su jefe, Tito Tacio, le prometió oro si les ayudaba a tomar el Capitolio. Ella accedió. Cuando llegó el momento indicado, la joven dejó entrar a los enemigos y solicitó a cambio lo que portaban en su brazo izquierdo, donde lucían magníficos brazaletes y anillos con piedras preciosas. Los sabinos le entregaron lo que ella solicitaba, pero no cumplieron su promesa, porque en lugar de darle las joyas que la joven anhelaba, lanzaron sobre ella los escudos, que también llevaban en el brazo izquierdo, hasta matarla (fig. 4). El enemigo consiguió así hacerse fuerte en una de las colinas más importantes de Roma —con un pésimo sistema de defensa,

Fig. 4. Denario de Augusto, alrededor del 19 a. C. (https://www.coinarchives.com).

hay que reconocer— y la guerra entre romanos y sabinos continuó hasta que intervinieron las sabinas raptadas. Aunque no tuvo consecuencias irreversibles, lo de Tarpeya era una traición en toda regla y, por ello, recibió su justo merecido. El castigo no tuvo que ser infligido por la propia comunidad. Lo ejecutó el enemigo, sin preservar la palabra dada, pero cumpliendo con la pena universal para los que se dejan seducir por el lujo.

Cuando se extiende la idea de que Tarpeya era una vestal, su comportamiento se convierte en algo aún más grave. En efecto, las vestales, encargadas de mantener vivo el fuego sagrado del templo de Vesta, que simbolizaba la supervivencia de Roma, tenían una gran responsabilidad con respecto al bienestar de la comunidad. Que una vestal dejara entrar al enemigo equivalía a que un cónsul perdiera voluntariamente la guerra. Sería una renuncia intolerable a sus obligaciones de protección hacia la ciudad. La investigación ha dado muchas vueltas a este conflicto entre lo público y lo privado que representa Tarpeya como vestal, y los romanos fueron probablemente conscientes de ello en época imperial. Pero la historia tiene un significado propio sin necesidad de que su protagonista sea una sacerdotisa, y ese es el que está en el origen de la leyenda y en su sentido principal en época republicana.

2.1. Asesinada por avariciosa

La idea básica es el castigo por el deseo de bienes materiales. Por eso, el final de la narración se alcanza cuando ella muere, justamente castigada, y tiene poca relevancia si los sabinos consiguen o no hacerse con el Capitolio. Desde el punto de vista bélico la ocupación es irrelevante en la historia. Hoy en día la acumulación de riqueza, prácticamente a cualquier precio, está elevada al rango de máxima aspiración humana y es públicamente reconocida como signo de éxito vital. Pero en muchas sociedades precapitalistas, aunque hubiera diferencias sociales basadas en un reparto económico desigual, el prestigio se hacía derivar de otras fuentes y se imponían límites morales a la acumulación de riqueza. Por ello, en todas estas sociedades circulaban leyendas y cuentos que ejemplificaban las desastrosas consecuencias de anhelar riquezas. Así, en el siglo VI a. C. el autor griego Esopo recopiló entre sus fábulas una en la que cierta persona mataba una gallina que daba huevos de oro con la frustrada esperanza de encontrar la fuente del preciado metal en su interior. El resultado fue que se quedó sin gallina.

La historia de Tarpeya es un caso parecido, aunque aquí no hay moderado beneficio con el que conformarse. Incluye, además, un desenlace fatal y un sesgo de género. En esta ocasión no se trata de «cierta persona», sino de una joven: una mujer con suficiente edad como para actuar, sin identificación todavía con la ocupación esencial de su vida —ser esposa y madre— y con el deseo de poseer algo bonito. Un eslabón débil en el grupo que podía «descarriarse» fácilmente ante la contemplación de las joyas del enemigo. Por cierto, esta ostentación de los sabinos ha sido vista con suspicacia por la investigación moderna, porque en la mentalidad romana este pueblo era sinónimo de austeridad y buenas costumbres, o al menos lo era desde época de Catón el Viejo, a finales del siglo III y principios del II a. c., cuando este autor considera que el sobrio carácter romano proviene de la tradición sabina. Sin embargo, la idea de la austeridad de los sabinos probablemente no sea anterior a las guerras púnicas, momento en el que la afluencia de enormes riquezas a Roma comienza a suponer un problema moral para parte de la aristocracia. Y la arqueología corrobora la idea al ofrecer una imagen de Sabinia en época arcaica como una región próspera y con acumulación de riqueza en metales preciosos.

La investigación también ha encontrado cierta dificultad en comprender el papel de Tarpeya en la memoria romana. No hay duda de su vínculo con la topografía de la ciudad, bien conocido y recordado por los romanos. En el Capitolio, dice Varrón en su obra *Sobre la lengua latina* (5.41), existía una roca que llevaba su nombre y marcaba el lugar en el que había muerto a manos de los sabinos y había sido enterrada. Existen noticias de que, en ocasiones, los romanos despeñaron desde esa roca a algún condenado a muerte, pero no queda claro que se tratara de alguien acusado de traición; tampoco la frecuencia con la que eso ocurría. Por ello, sin dudar de que la roca Tarpeya o sus cercanías fueran un lugar de ejecución, no es posible establecer su relevancia cultural, ni la relación que ambos elementos tenían en la mentalidad romana, porque, como se recordará, Tarpeya no murió en realidad despeñada desde el Capitolio, sino golpeada brutalmente por los sabinos con sus escudos.

Se apela normalmente a que la historia tenía el valor de un ejemplo negativo, es decir, un recordatorio de lo que no se debía hacer. Sin embargo, no resulta evidente qué mensaje en concreto recibía la sociedad en época republicana. ¿Las mujeres no deben ambicionar joyas? Pues no se tomaron el mensaje muy en serio. La afluencia de riqueza que supuso la conquista del Mediterráneo llegó también a sus manos y les permitió vestir y adornarse con el mayor de los lujos. La breve prohibición en este sentido que supuso la ley Opia en la segunda guerra púnica terminó en 195 a. C. para disgusto de Catón el Viejo, quien habló de forma encendida en contra de su abolición. ¿Las mujeres —y los hombres— no deben dejarse seducir por el enemigo para incurrir en traición? No parece que haya sido una amenaza muy real en Roma una vez que consiguieron conjurar el peligro de Coriolano, un general del siglo v a. C. que, acusado de sedición, se puso al frente de un ejército enemigo de volscos para atacar Roma. La tradición cuenta que fueron precisamente su esposa, Volumnia, y en especial su madre, Veturia, quienes le convencieron de que no siguiera adelante (fig. 5). Al contrario de lo que

Fig. 5. Aguafuerte de Bartolomeo Pinelli de la obra *Istoria Romana incisa all'Acqua Forte*, 1818-19 (https://www.lookandlearn.com/history-images/M638102/Veturia-persuading-her-son-Coriolanus-not-to-attack-Rome).

sucedía en el mundo griego, la historia de Roma posterior no se caracteriza por traidores que ayuden al enemigo. Los perdedores del sistema político terminaban más bien exiliados o silenciados. Entonces ¿para qué servía exactamente la historia de Tarpeya?

2.2. De traidora a heroína

Esta misma pregunta se la hicieron algunos romanos, entre ellos Lucio Calpurnio Pisón Frugi, cónsul en 133 a. C. y autor de unos *Anales* en los que contaba la historia de Roma desde los orígenes hasta su época. De esta obra no quedan más que fragmentos, entre los cuales destaca especialmente una referencia. La recoge Dionisio de Halicarnaso, historiador griego de época de Augusto, en sus *Antigüedades romanas* (2.38-40). Afirma que Pisón contaba la historia de Tarpeya con algunos cambios. Según este autor, Tarpeya había sido más astuta que los sabinos. Les había hecho creer que ambicionaba sus joyas y a cambio les había prometido acceso al Capitolio. Su plan, en realidad, era desarmarles llegado el momento, exigiendo los escudos. Pero, por desgracia, el mensajero que envió a Rómulo para ponerle al corriente de su plan la traicionó y ella se encontró sola frente al ejército de Tacio, sabedor de la trampa. El resto es bien conocido. Esta versión alternativa de Pisón, a la que Dionisio da plena credibilidad, es interesante por varias razones.

En primer lugar, demuestra que la historia de Tarpeya no terminaba de tener sentido, al menos para un senador de finales del siglo II a. C. Lejos de desacreditarla como una fábula inverosímil, buscó el significado original que pudo tener, y este no necesitaba más que un cambio de intenciones. Pisón entró en la mente de Tarpeya y le otorgó una plena conciencia de Estado: la joven no podía haber pretendido otra cosa que no fuera defender Roma. En segundo lugar, recurrió a huellas materiales. Había recibido una sepultura, una roca llevaba su nombre y se hacían libaciones cada año en su honor. De la tumba nada sabemos, ni tampoco sobre el contexto ritual en el que podía ser mencionada Tarpeya. Es bastante sospechoso que ningún otro autor antiguo nos informe al respecto, lo que indica que la relación de su nombre con el rito era, en el mejor de los casos, tenue y poco evidente, y que la tumba con toda probabilidad no era visible. Pero Pisón creía tener suficientes argumentos para sostener que Tarpeya no había intentado pactar con los sabinos a cambio de oro. Como apostilla Dionisio de Halicarnaso, convencido por completo de esta versión, a los traidores no se les dedican tumbas ni libaciones. Se arroja su cuerpo fuera de las murallas como ejemplo para la comunidad.

La investigación moderna no ha dudado en considerar que la versión de Pisón estaba guiada por un «orgullo nacional». Había que limpiar la historia de Roma de toda mácula. Desde luego, es el producto de la mente de un hombre, senador, que tuvo una exitosa carrera hasta el último cargo más prestigioso en Roma, que era el de censor, en 120 a. C., y que, por tanto, participaba de la máxima representación política de la potencia militar que dominaba el Mediterráneo en ese momento. Lo interesante es que su explicación de la historia no tuvo muchos seguidores. Solo el griego Dionisio de Halicarnaso la acepta sin reticencias. Autores posteriores en ocasiones mencionan de pasada su versión como una información secundaria o, simplemente, la ignoran. Así hace Valerio Máximo en su obra *Hechos y dichos memorables* (6.1-4), de principios del siglo I d. C. En su capítulo dedicado a la perfidia entre los romanos, sitúa a Tarpeya la primera de la lista y, hablando de los sabinos, concluye: «lejos de nosotros el reprenderlos, ya que esta fue la justa y rápida venganza de una impía acción».

Hoy en día estamos acostumbrados al concepto moderno de historia nacional, arropada por el poder político, y somos conocedores de la manipulación y maquillaje que en ocasiones sufre el pasado para encajar en la imagen ideal de las esencias patrias que esa historia nacional pretende generar. Por ello, nos puede llamar poderosamente la atención que los romanos no actuaran de idéntica manera. Era tan sencillo como convertir la versión de Pisón en la oficial. Sin embargo, es necesario recordar que Roma no era un Estado-nación, no tenía los medios modernos para imponer una determinada narración histórica, que descansan, entre otras cosas, en un control de la educación, y, lo que es más importante, probablemente los romanos no sintieron semejante necesidad de verse por completo reflejados en el espejo del pasado. Quienes investigan el fenómeno de la memoria insisten, con razón, en que el recuerdo está conectado con, y recuperado desde, el presente y que, por ello, está sometido a un proceso de reconstrucción. No hay duda. Pero, como también advertía el antropólogo Jan Vansina, este proceso no siempre es completo, no existe la absoluta actualización de la memoria y en ocasiones determinados hechos del pasado se muestran resilientes. Ese fue el caso de Tarpeya.

El sentido original de la historia se creó en el momento en que Roma no era un imperio, ni siquiera una potencia en Italia. Por el contrario, podía tener el enemigo a las puertas y las mujeres romanas de entonces no lucían costosas joyas. No hay que olvidar, por ejemplo, que, en comparación con sus vecinos etruscos, la ciudad no brilló especialmente por su riqueza en el período orientalizante (siglos VIII y VII a. C.). En el momento de

Fig. 6. Relieve de la basílica Emilia, siglo I a. C.-II d. C. (Wikipedia).

inicio del sistema republicano y posterior expansión de Roma, la historia ya estaba arraigada en la memoria de los habitantes de la ciudad. Y ahí quedó. Los historiadores antiguos hicieron el esfuerzo de integrarla en una narración continua y la imagen de Tarpeya rodeada de escudos fue utilizada en varias ocasiones para acuñar moneda y para decorar una de las basílicas del foro en el siglo I a. C., la basílica Emilia (fig. 6). Pero, en esencia, no fue modificada ni adaptada.

En la actualidad los historiadores, que ante todo somos enemigos de lo simple, agudizamos el ingenio para conectar la leyenda con determinada realidad histórica, desde la conquista de los sabinos a la reforma moral de Augusto. El pasado tuvo que ajustarse necesariamente al presente y ser utilizado por la República. Sin embargo, es muy difícil demostrar estas sutiles conexiones porque no aparecen de forma explícita en la documentación. Probablemente, la única línea que unía Tarpeya con el presente era la idea básica y bastante universal de que no hay que venderse al enemigo. ¿Alguna aplicación directa a la realidad de las mujeres romanas en la República? Ninguna. El pasado que habitaba Tarpeya era «un país extraño» y, a lo mejor, por eso mismo también, era útil recordarlo. Este alejamiento permitía, además, activar la fantasía en otras direcciones, como le sucedió al poeta Propercio.

2.3. Tarpeya enamorada

Sexto Propercio era un joven de buena familia de la región itálica de Umbría que se mudó con su madre a la ciudad de Roma para iniciar una carrera política en época de Augusto. Por el camino se le cruzó la poesía y una tal Cintia, de la que se enamoró perdidamente, de modo que terminó dedicando sus esfuerzos a escribir elegías. Esas cosas pasan a veces cuando uno se marcha a vivir a la capital. Su obra se conoce en la actualidad por el título de *Elegías*, y está compuesta por cuatro libros y algo más de noventa poemas. En el último de esos libros, Propercio se adentra en los orígenes de Roma y recuenta poéticamente algunos de sus episodios más importantes, entre ellos el de Tarpeya (*Elegías* 4.4).

El poeta, sin embargo, decidió no recordar a la ambiciosa traidora de época arcaica, sino que imaginó al personaje actuando por motivos muy distintos. Comienza el poema describiendo una Roma rural, inmersa en la naturaleza —que poco se parecía a la ciudad que él conocía—, en la que la joven Tarpeya desempeña su cargo de vestal. Un día que ha de salir de sus murallas para recoger agua como parte de sus obligaciones sacerdotales, divisa a lo lejos a Tito Tacio y a su ejército sabino realizando maniobras militares y queda prendada de él. Se inicia entonces un soliloquio en el que Tarpeya expresa su mal de amores. Es consciente de la transgresión que suponen sus sentimientos, pero no puede evitarlos, y comienza a fantasear con la posibilidad de ser raptada por él y terminar como reina de los sabinos (texto 2). Aquí Propercio realiza un verdadero ejercicio de imaginación histórica y hace pensar a la joven no solo que puede correr la misma suerte que las sabinas secuestradas, pero en la dirección contraria, sino que, como ellas, puede intermediar en la reconciliación. Evidentemente, el poema no acaba así. De nuevo en la realidad, los acontecimientos se desarrollan como el lector bien sabe y la joven termina sepultada por las armas de los sabinos. Así es el amor, debía de pensar Propercio, capaz de hacerte desear al enemigo, olvidar la patria e incluso descalificar a tu propio rey como una persona sin madre digna y amamantada por una fiera.

TEXTO 2.
EL SOLILOQUIO DE TARPEYA
(Propercio, *Elegías*, 4.4.51-60)

«¡Ojalá conociera yo los conjuros de la musa de la magia!: mi lengua ayudaría también a mi hermoso galán.

A ti te sienta bien la toga bordada, no a quien sin la honra de una madre fue amamantado por una loba salvaje con su áspera ubre. Pero si se me teme como reina extranjera en mi tierra nativa, la traición de Roma no es dote insignificante.

Si no, que el rapto de las sabinas no quede impune: ¡ráptame y págales con la misma moneda!

Yo, recién casada, puedo detener el combate iniciado: ¡firmad vosotros allí un tratado de paz con mi vestido nupcial!».

Resulta interesante que, de todas las mujeres de la memoria de Roma, Tarpeya sea la que más versiones alternativas haya recibido. Eso es porque el personaje, y lo que a él se asociaba, no terminaba de ser comprendido en época republicana y, por ello, su historia ofrecía margen para la relectura. La versión poética tuvo su fuente de inspiración posiblemente en el mundo griego. Como buen romano y poeta, Propercio tenía una importante formación en lengua y literatura griegas. Por ello, sin duda, conocía la poesía helenística y la querencia de los autores griegos por los amores fracasados; si eran míticos, mejor. De hecho, un contemporáneo suyo, Partenio de Nicea, escribió una obra titulada *Erotika pathemata*, que podríamos traducir por «Sufrimientos amorosos», y se la dedicó a un político y poeta romano llamado Gayo Cornelio Galo. En ella recogía una treintena de historias cortas de amores desafortunados donde la parte femenina solía salir peor parada. Es el caso, por ejemplo, de Pisídice, una princesa de Metimna, en Lesbos, que tuvo la poca fortuna de enamorarse de Aquiles cuando al héroe aqueo y a sus amigos, de camino a Troya, se les ocurrió la idea de asediar su ciudad. Ella le prometió ayuda si la tomaba en matrimonio, y Aquiles aceptó falsamente el trato para terminar lapidándola como castigo.

La semejanza con la historia de Tarpeya es evidente. Solo era necesario sustituir el deseo de joyas por el deseo amoroso y la joven romana podía entrar directamente en la lista de desastres sentimentales de Partenio. No lo hizo, pero a otro poeta griego de nombre Símilo se le ocurrió la idea. Por falta de datación no queda claro si fue él quien convirtió a Tarpeya en una víctima del amor o fue Propercio, y en el caso de la primera opción, si el poeta umbro conocía la obra del griego. Quien, sin duda, la conocía era Plutarco y, gracias a su indignación como biógrafo serio, sabemos del poema de Símilo, autor del que, por lo demás, no tenemos ningún otro dato. A principios del siglo II d. C., Plutarco escribió una voluminosa colección de biografías que comenzaba con las vidas de Teseo y Rómulo. Durante el reinado del segundo tuvo que hacer referencia al episodio de Tarpeya y siguió fielmente la tradición romana. Por eso, mostró su asombro ante los versos de Símilo en los que se afirmaba que Tarpeya había traicionado Roma por amor al jefe de los galos. No queda claro qué le parecía más absurdo al biógrafo, si que la joven actuara bajo los efectos de la pasión o que el enemigo que asediaba la ciudad en época de Rómulo fueran los galos. Nada de eso encajaba con lo que los romanos contaban sobre ella. Y como si tuviera en mente la apostilla de Dionisio de Halicarnaso, Plutarco le contesta que, por supuesto, sus huesos de traidora no permanecieron por mucho tiempo en el Capitolio, porque fueron retirados en época de Tarquinio el Soberbio (*Vida de Rómulo* 17.2-18.1).

Para Símilo no había nada que tuviera que encajar históricamente. Lo suyo era lo que se suele llamar «licencia poética», que un autor helenístico de fecha indeterminada se permitía con la finalidad de que el personaje tuviera sentido para una audiencia griega. Esta desconocía a los sabinos, pero era muy consciente de quiénes eran los galos, también llamados celtas, porque a co-

Fig. 7. Roca
Tarpeya,
fotografía
de 2015.
(Wikipedia).

mienzos del siglo III a. C. atacaron el reino de Macedonia, pasaron a Asia Menor y en la península balcánica a punto estuvieron de tomar Delfos. Así pues, Símilo solo tuvo que dar dos pequeños retoques a la historia de Tarpeya para que pudiera emocionar a un público griego. No sabemos si Propercio conoció ese poema o simplemente se dejó arrastrar por la fuerza del sentimiento amoroso canalizado por la poesía helenística. Sin embargo, como romano que era, dejó en su sitio todo lo demás: a los sabinos y la condición de vestal, que resonaba con fuerza en el corazón de los habitantes de la ciudad.

El caso de Tarpeya demuestra que el pasado puede causar extrañeza llegado un momento, pero que, si ya se encuentra enraizado en la memoria de un pueblo, no es fácil ni olvidarlo ni adaptarlo, especialmente cuando no existe el interés ni los medios para imponer un discurso distinto. Intentos puede haber, como los que hemos visto, pero no pasan de ser fenómenos secundarios de la memoria. Al igual que la turista moderna, la romana antigua que paseara por el centro de Roma en época de la República y alzando la vista al Capitolio divisara la roca Tarpeya, pensaría simplemente, y de manera mayoritaria, en la joven que ambicionaba las joyas de los sabinos y murió castigada por el enemigo (fig. 7).

3.
Tanaquil, la manipuladora

La Roma más antigua fue gobernada por reyes. Por eso, se habla de un primer período en la historia romana llamado Monarquía al que le sigue la República. La denominación puede resultar confusa porque cuando hablamos de reyes suele venirnos a la cabeza Luis XVI o Isabel la Católica, y la monarquía romana se parece muy poco a esos sistemas políticos dirigidos por una dinastía que gobernaba por la gracia de Dios. Sin embargo, el nombre que recibían los primeros gobernantes de la ciudad era el de *rex*, que ha dado en castellano *rey*. Es el mismo nombre que utilizaron posteriormente para denominar a los monarcas helenísticos en una ampliación considerable del sentido original del concepto que terminó denominando cualquier «poder unipersonal», cualquiera menos el del emperador, por supuesto, quien jamás fue llamado *rex*.

En lo que sí se parecía la monarquía romana a las europeas de época moderna es en que allí donde había un rey también había una reina. La *regina*, la reina romana, tenía un papel religioso muy importante, como lo tenían las esposas de otros sacerdotes destacados denominados flámines. Sin apenas fuentes contemporáneas es difícil hacerse una idea de la visibilidad y prestigio social que pudieron tener estas reinas, pero como mínimo estamos en disposición de afirmar que para determinados rituales eran figuras imprescindibles y que el cargo religioso de reina permitió a un número reducido de mujeres una cercanía a la representación pública y al poder que no volvió a ser posible en Roma hasta comienzos del Principado. Probablemente por eso, lo que de ellas se recordaba en época republicana no era nada bueno.

Como todo estudiante de Historia Antigua sabe, a Rómulo le siguieron seis reyes. No forman exactamente la lista de los reyes godos, pero cierto esfuerzo de memorización requiere: Numa

Fig. 8. *Tanaquil, esposa de Tarquinio Prisco*, grabado de Frans Huys (1522-1562). Museo Herzog Anton Ulrich, Brunswick, Alemania (Europeana).

TANAQVIL TARQVINII PRISCI VX/
OR, PERITA COELESTIVM PRODI/
GIORVM MVLIER FVIT, FILIAM EX
MARITO TVLIT TARQVINIAM.

Pompilio, Tulo Hostilio, Anco Marcio, Tarquinio Prisco, Servio Tulio y Tarquinio el Soberbio. La tradición romana es bastante terca al respecto de esta lista. De un autor a otro a lo largo de la historia de Roma no hay variaciones ni nombres alternativos. No significa esto que refleje una verdad absoluta, pero sí posiblemente que el elenco de reyes estaba bastante arraigado en la memoria de los romanos cuando comenzaron a escribir historia a finales del siglo III a. C. Para la segunda parte de la lista se habla de monarquía etrusca porque dos de sus reyes, los Tarquinios, tenían ese origen. Es precisamente la esposa del primero de ellos, Tanaquil, la que tiene un papel preeminente en la memoria romana (fig. 8). Y esto probablemente no es casual.

3.1. La reina etrusca de Roma

De las anteriores reinas nada sabemos. Si la *regina* tenía una actuación destacada en la religión romana desde el comienzo de la monarquía, las esposas de Numa Pompilio, Tulo Hostilio y Anco Marcio debieron aparecer y actuar en público. Sin embargo, sus figuras cayeron en el olvido, porque no se vincularon con ningún acontecimiento excepcional. Como decíamos, el cumplimiento escrupuloso de las funciones asignadas a las mujeres, incluso en el caso de las reinas, no genera memoria. Lo excepcional sí, y lo excepcional llegó cuando un personaje proveniente del otro lado del Tíber alcanzó el poder en Roma. Durante un tiempo los investigadores pensaron que esto significaba una verdadera conquista de la ciudad por parte de los etruscos. La ocupación habría sido silenciada por el «nacionalismo romano», el mismo que habría impulsado a Calpurnio Pisón a convertir a Tarpeya en una heroína. Hoy en día la idea se ha desechado por infundada y, por el contrario, está bien documentada una clara movilidad horizontal de determinados personajes de la élite en la vertiente tirrénica de Italia central. Esto hace posible que en Roma fuera nombrado *rex* un personaje de origen etrusco sin que mediara conquista etrusca ninguna. Era posible, pero también excepcional; por eso, en la memoria romana quedó recuerdo del especial origen de Tarquinio Prisco y del papel que tuvo su mujer en su ascenso.

Tanaquil, dicen los autores antiguos, era una mujer perteneciente a la aristocracia de la ciudad etrusca de Tarquinia, a menos de 100 km al noroeste de Roma. Se casó con un hombre etrusco llamado Lucumón —que más adelante cambiaría su nombre por el de Tarquinio—. No obstante, el padre de Lucumón no era etrusco, sino un comerciante griego de nombre Demarato que durante un tiempo comerció con los etruscos y que finalmente decidió abandonar Corinto e instalarse en Tarquinia cuando el tirano Cipselo se hizo con el poder en su ciudad natal. La historia del suegro de Tanaquil tiene bastante verosimilitud histórica, porque el comercio griego, y en concreto el corintio, está bien documentado en Etruria. Distinto es que, en realidad, el padre del rey Tarquinio fuera realmente un griego y que se llamara Demarato. No hay forma de corroborarlo, pero a los autores antiguos les daba una magnífica oportunidad para explicar por qué Tanaquil y su esposo abandonaron su hogar.

Lucumón tenía riqueza, pero no la aceptación de sus iguales debido al origen extranjero de su padre. Era necesario buscar fortuna en otro lugar. Tito Livio afirma abiertamente que la ini-

Fig. 9. Jacopo del Sellaio, *Tarquinio Prisco entra en Roma*, 1470. Museo de Arte de Cleveland, Estados Unidos. (Wikipedia).

ciativa fue de Tanaquil (*Historia de Roma* 1.34.4-7). Fue ella la que convenció a su marido para que emigraran a Roma. Quería verlo «cubierto de honores» y la ciudad al otro lado del Tíber tenía fama de aceptar como jefes a personajes que no eran originarios de allí. Además de Tito Tacio, Numa Pompilio también provenía de la región sabina, en concreto de la ciudad de Cures. El razonamiento que Livio pone en la cabeza de Tanaquil es muy romano, especialmente de fines de la República, cuando se extiende cada vez más la idea de que la grandeza del imperio se cimenta en la capacidad de integrar al extranjero. Pero había una significativa diferencia entre sabinos y etruscos. La población sabina había formado parte de la ciudad desde su origen; la etrusca, probablemente, no, o no en igual medida.

Las fuentes recogen un prodigio sucedido en el trayecto a Roma (Tito Livio, *Historia de Roma* 1.34.8-9). Antes de entrar en la ciudad, en el monte Janículo, un águila arrebató el gorro de la cabeza de Lucumón y, después de revolotear, lo volvió a depositar de nuevo en su cabeza. Tanaquil mostró inmediatamente su alegría. Era un buen presagio, que anunciaba un futuro de grandeza para su marido (fig. 9). Dicen las fuentes que supo interpretar el comportamiento del águila porque, como todos los etruscos,

Fig. 10. Bonifacio Veronese (*c*.1487-1553), *La leyenda del niño Servio Tulio*. Museo Metropolitano de Nueva York. (MET public domain).

tenía conocimiento sobre la adivinación a través del vuelo de las aves. Sin duda, era un rasgo de su cultura, pero la narración insiste en darle a ella el protagonismo, como si tuviera un mayor dominio de la situación que el futuro rey. Como suele suceder con todos los presagios, este también se cumplió. Tarquinio se convirtió en *rex* y a su muerte su mujer Tanaquil volvió a adquirir protagonismo. Antes de quedarse viuda había presenciado unos acontecimientos extraordinarios que le indicaron el camino a seguir (Dionisio de Halicarnaso, *Antigüedades romanas* 4.2).

Un día, una de las esclavas de palacio llamada Ocrisia descubrió la figura de un falo encima del hogar doméstico. Asustada, dio aviso y Tanaquil, que como ya sabemos era experta en descifrar los mensajes de los dioses, entendió el significado y permitió que la esclava se uniera a él. De aquella unión nació un niño, llamado Servio por el origen esclavo de su madre —en latín «esclavo» se dice *servus*—. Como si aquella concepción, en parte divina, no fuera indicio suficiente de que la criatura estaba predestinada al poder, un día siendo niño, mientras dormía, se encendió sobre su cabecita una llama. No le hirió de ningún modo y solo desapareció cuando despertó (fig. 10). Era difícil albergar duda. Servio estaba llamado a una posición de poder. Por ello, cuando Tarquinio Prisco falleció de forma violenta a manos de los hijos de Anco Marcio, Tanaquil ocultó el deceso, instó a Servio a tomar el mando y le presentó como la persona designada por su marido para sustituirle. De este modo, pretendía proteger a los suyos y a sí misma colaborando con quien los dioses habían distinguido desde su nacimiento. Hasta aquí, la historia de la reina etrusca de Roma.

3.2. El enigma de Tanaquil

La figura de Tanaquil ha despertado sumo interés en la investigación. Es la mujer de los orígenes de Roma que mayor poder y capacidad de maniobra demuestra tener. Es ambiciosa, tiene conocimientos religiosos y actúa en su propio beneficio y en el de la ciudad manipulando la sucesión real. No es extraño, por ello, que haya servido para sostener la idea de un poder femenino en la Italia más antigua, que habría desaparecido por completo en periodos posteriores. En el siglo XIX surgió la versión más extrema de esta teoría de la mano del antropólogo y filólogo suizo Johann Jakob Bachofen (1815-1887), quien sostuvo la existencia de un matriarcado en la Prehistoria. Hoy en día estas interpretaciones han sido abandonadas. Entonces ¿cómo hemos de comprender a Tanaquil? Es difícil disociarla de su origen, cuando sabemos fehacientemente que las mujeres de la aristocracia etrusca tenían una visibilidad y posición social superior a las romanas o a las griegas. Sin embargo, hasta donde conocemos, ni la aruspicina ni ningún otro saber adivinatorio estaba en manos de mujeres en Etruria, ni estas tenían un papel político relevante en las ciudades. Parece un callejón sin salida. ¿Hemos de concluir que Tanaquil es un invento romano? En realidad, no. Es más bien un producto de la memoria romana republicana y, por ello, no es un reflejo fiel y completo de la realidad.

Tanaquil, como *regina*, probablemente fue para sus contemporáneos algo distinta de lo que recuerdan los historiadores antiguos, y no hay que descartar que tuviera una mayor presencia social que sus predecesoras en el cargo como consecuencia de su cultura de origen. Sin embargo, lo que quedó en la memoria de la sociedad republicana posterior, enemiga tanto del poder unipersonal como de la injerencia femenina en él, fue una mujer que utilizó su posición y conocimiento —religioso, como no podía ser de otra manera siendo etrusca— para intervenir en política. Su figura no está muy distante, en este sentido, de la de las posteriores emperatrices romanas a las que se recordará

Fig. 11. Ilustración de una traducción incunable alemana del *De mulieribus claris* de Giovanni Boccaccio, *c.* 1479. Penn Libraries, Universidad de Pensilvania, Estados Unidos. (Wikipedia).

como agentes políticos urdiendo planes entre bambalinas. Tanaquil es, como ellas, una manipuladora. La siguiente figura real de la memoria femenina romana era directamente una parricida. Tulia, una de las hijas de Servio Tulio, colaboró con su esposo Tarquinio el Soberbio para asesinar a su propio padre y tuvo la sangre fría de pasar por encima de su cuerpo cuando estaba todavía moribundo en una calle de la ciudad, que más tarde se llamó «calle del crimen» (Tito Livio, *Historia de Roma* 1.48.7) (fig. 11).

Estas dos figuras han de ser comprendidas en una progresión de injusticia y tiranía que caracteriza la segunda parte de la monarquía romana y que implicaba también a sus mujeres. No podía ser de otra manera, teniendo en cuenta que no solo había sido expulsado el sexto y último rey después de Rómulo, sino que la aristocracia había decidido no volver a elegir a un único jefe político y, por el contrario, compartir el poder a través de una magistratura electiva, el consulado. Algo serio tenían que haber hecho los reyes de Roma. En realidad, no hay forma de saber qué habían hecho exactamente: si el poder de los Tarquinios fue tan opresivo y sangriento o simplemente sufrió una ampliación exponencial en la memoria romana para hacer comprensible el final de la forma de gobierno que representaban. De lo que no parece haber duda es de que la memoria romana recordaba a las mujeres que estaban demasiado cerca del poder como parte del problema. A partir de ese momento debían alejarse de los focos de la política. Lo mejor es que todas, aristócratas o no, se quedaran en casa frente al telar.

Escribir historia antigua es como intentar hacer un puzle al que le faltan más de la mitad de las piezas. Algunas es fácil situarlas de forma precisa, otras solo pueden colocarse de manera aproximada y, como resultado de ello, no hay modo de evitar que importantes partes de la imagen final queden en absoluta penumbra. Pero, en ocasiones, una pequeña pieza nos permite intuir que el puzle es más complejo de lo que parecía a simple vista. Esto es lo que sucede con un puñado de referencias secundarias sobre Tanaquil que nos han llegado al margen de las grandes narraciones históricas. Dice Plinio el Viejo en su *Historia natural* (8.194) que en el monte Quirinal, en el interior del templo de Semo Sanco, una antigua divinidad romana que protegía los juramentos, había un huso y una rueca con lana que habían pertenecido a Tanaquil. Afirma también que en el templo de Fortuna se conservaba una toga real que ella había elaborado para Servio Tulio. Plinio, que escribe en el siglo I d. C., afirma que el propio Marco Terencio Varrón, un siglo antes, había visto los objetos del templo del Quirinal y que Tanaquil, a la que también se conocía como Gaia Cecilia, había sido la primera mujer en tejer una túnica recta. Va a resultar que Tanaquil se dedicó a más cosas además de a la intriga política.

Es tentador pensar que, mientras que las narraciones históricas, de carácter esencialmente político e institucional, prefirieron quedarse con una versión del personaje que cobraba sentido en el hilo de la decadencia de la monarquía romana, estas noticias, más complementarias que contradictorias, pertenecen a una memoria «popular» de la reina que la relacionaba con la muy doméstica y femenina actividad del tejido. Cómo y cuándo se generó esta memoria es difícil decirlo: ¿son esos objetos de época monárquica o, más bien, ofrendas votivas de época republicana? ¿Es Gaia Cecilia otro nombre de Tanaquil u otro personaje femenino con el que se confundió? Por desgracia, estas piezas del puzle no las tenemos. Pero sí conservamos las suficientes como para afirmar que, por una razón u otra, Tanaquil es la reina que mayor huella dejó en la memoria de Roma.

4.
Lucrecia, la casta

El reinado de Tarquinio el Soberbio se presenta como un epítome de la tiranía que inexorablemente debía terminar en el fin del sistema monárquico. Empezó con un asesinato, el del rey Servio Tulio, y continuó con todo tipo de injusticias y opresiones. Pero los romanos eran, ante todo, gente con paciencia. No sacaban los cuchillos tan rápidamente. Sin embargo, un drama privado, una violación seguida de un suicidio, iba a remover su conciencia más que el asesinato de un rey. Sería la gota que colmaba el vaso. Apunta sagazmente Tim Cornell que en el «asunto Lucrecia» todos los implicados son, en realidad, familiares. El agresor es Sexto Tarquinio, hijo del rey. La mujer ultrajada, Lucrecia, estaba casada con Lucio Tarquinio Colatino, hijo de Arrunte, el hermano de Lucumón y, por tanto, sobrino de este, es decir de Tarquinio Prisco, y primo de Tarquinio el Soberbio. Todo quedaba en familia. Incluso si aceptamos las amargas quejas de Dionisio de Halicarnaso, a quien no le salían las cuentas cronológicas y consideraba que el segundo Tarquinio debía ser nieto y no hijo del primero, seguía siendo una afrenta familiar: el hijo del rey había decidido violar a la mujer de su primo, ya fuera su primo hermano o su primo segundo. Hasta aquí el asunto no ofrece ninguna noticia destacada. Estas cosas habían pasado antes y pasarían después y, en cualquier caso, era una cuestión doméstica sin mayor trascendencia. Lo excepcional vino a continuación. Pero dejemos hablar a Tito Livio (*Historia de Roma* 1.57-58).

La historia comienza con un ejercicio de comparación y, como es bien sabido, las comparaciones son odiosas. Sexto Tarquinio y un grupo de jóvenes se encontraban ociosos durante el asedio a la ciudad de Ardea cuando comenzaron a discutir sobre quién tenía la esposa más virtuosa. No se ponían de acuerdo, y para zanjar la disputa Tarquinio Colatino tuvo la fatídica ocurrencia de proponer visitarlas sin previo aviso para comprobar a qué

Fig. 12. Tiziano, *Tarquinio y Lucrecia, c.* 1571. Museo Fitzwilliam, Cambridge, Reino Unido. (Wikipedia).

dedicaba el tiempo cada una de ellas. Las mujeres del resto de nobles se encontraban fuera de casa banqueteando. Solo la suya, Lucrecia, estaba en el hogar, trabajando el tejido, rodeada de sus esclavas. A Sexto no le gustó nada el descubrimiento, pero sobre todo quedó prendado de la belleza y recato de la mujer de Colatino. Poco después decidió visitarla con la secreta intención de acostarse con ella. Cuando la asaltó por la noche en su habitación, espada en mano, ella se negó (fig. 12). Había dado con una mujer realmente casta que no temía la violencia. La violencia no, pero sí el deshonor. Por eso, con retorcida mente, el hijo del rey la amenazó con matarla y dejar su cuerpo junto al de un esclavo desnudo y sin vida para que todo el mundo creyera que había sido sorprendida en flagrante adulterio. Lucrecia se rindió. Terminaba así el primer acto.

A la mañana siguiente Lucrecia hizo llamar a su esposo Tarquinio Colatino, a su padre y a testigos. Ante todos contó lo sucedido y ellos de inmediato la creyeron. Juraron que vengarían la afrenta. Sin embargo, ella no se conformó con estas palabras. Sacó una daga de entre su ropa y frente a todos se dio muerte, no sin antes declarar, según Livio, que se suicidaba para dar ejemplo de que la deshonra, aunque involuntaria, debía terminar con la muerte de la mujer ultrajada, no fuera a convertirse en subterfugio de adúlteras. Aquello sí que era excepcional. La pena, seguida de la furia, invadió primero a sus familiares y después al pueblo, de forma que el rey Tarquinio y su familia fueron expulsados de la ciudad para no volver jamás. Se iniciaba así un nuevo período en la historia de Roma: la República. Era el año 509 a. C.

4.1. Un suicidio excepcional

El episodio de Lucrecia puede dividirse en dos partes que tienen significado propio de forma independiente: el suicidio y la revolución. El primero sitúa a la joven esposa de Colatino en un plano de superioridad por su comportamiento. Es una heroína porque al final triunfa sobre su opresor, algo inusual. En un mundo patriarcal las mujeres no triunfan sobre los hombres. No obstante, lo hizo al precio de la muerte. En primer lugar, fue capaz de hablar y no callar, de contar con su propia voz lo que había sucedido. Después, infligió sobre sí misma el mayor de los castigos. Quitarse la vida no es sencillo. Los suicidas suelen intentarlo más de una vez. Sin embargo, ella, sin atisbo de duda, se clava un cuchillo delante de sus familiares (fig. 13). Eso es valor, una virtud que los romanos, como muchos otros pueblos, suelen atribuir principalmente a los hombres y no tanto a las mujeres. Aquí reside la excepcionalidad de Lucrecia. Los autores antiguos insisten sobre este punto. «Matrona de espíritu varonil», la llama el poeta de época augustea Ovidio (*Fastos* 2.848), y poco después Valerio Máximo vuelve a incidir sobre la misma idea al afirmar que «por un error de la fortuna tenía un espíritu viril a pesar de tener un cuerpo de mujer» (*Hechos y dichos memorables* 6.1.1). Una equivocación del destino le había dado a Lucrecia un valor que no correspondía con su cuerpo femenino.

Fig. 13. Maestro del Papagayo, *La muerte de Lucrecia*, 1550-51. Museo del Prado. (Prado para publicaciones no lucrativas).

En este sentido, Lucrecia se parece a otra joven romana con suficientes arrestos como para desafiar a un rey etrusco. Una vez expulsados, los Tarquinios buscaron ayuda allí donde encontraron una mano tendida. Lars Porsena, rey de Clusium —actual Chiusi—, en Etruria, decidió apoyarles y puso sitio a Roma. Después de una tregua, recibió un grupo de jóvenes romanas como rehenes. Un día, una de ellas, Clelia, fue capaz de escapar, cruzar a nado el río Tíber y llegar a caballo a la ciudad. El rey etrusco estaba asombrado, un poco enfadado también y, por eso, pidió explicaciones a los romanos. Estos no tuvieron más remedio que devolverla, pero Lars Porsena recompensó su valor liberando a algunos de los prisioneros que tenía en su poder. El coraje merece reconocimiento, pensaban los romanos, aunque venga de quien no se espera.

Una lectora o lector modernos se preguntará por qué tenía Lucrecia que morir. ¿No era ella la víctima? La explicación tiene una historia antigua y triste que todavía resuena en el presen-

TEXTO 3.
LA INOCENCIA DE LUCRECIA
(Tito Livio, *Historia de Roma*, 1.58.7-10)

«Encuentran a Lucrecia sentada en su habitación, sumida en el abatimiento. Al llegar los suyos, rompió a llorar y, al preguntarle su esposo: «¿Estás bien?», ella contesta: «No. ¿Cómo puede estar bien una mujer que ha perdido el honor? Colatino, hay huellas de otro hombre en tu lecho; ahora bien, únicamente mi cuerpo ha sido violado, mi voluntad es inocente; mi muerte dará fe de ello. Pero dadme la diestra y la palabra de que el culpable no quedará sin castigo. Es Sexto Tarquinio el que, comportándose como un enemigo en lugar de como un huésped, la pasada noche vino aquí a robar, armado y por la fuerza, un placer funesto para mí, y para él si vosotros sois hombres». Todos dan su palabra, uno tras otro tratan de mitigar su interno dolor responsabilizando de la culpa al autor del atropello y no a la que se ha visto forzada: que es la voluntad la que comete falta, no el cuerpo, y no hay culpa donde no ha habido intencionalidad. «Vosotros veréis –responde– cuál es su merecido; por mi parte, aunque me absuelvo de culpa, no me eximo de castigo; en adelante ninguna mujer deshonrada tomará a Lucrecia como ejemplo para seguir con vida».

te. En las sociedades patriarcales, como la romana, las mujeres tienen un estatus inferior y dependiente de los hombres. Son «posesiones masculinas», primero de sus padres y luego de sus maridos. En Roma eran elementos subsidiarios de prestigio y orgullo en la medida en que daban muestras de un comportamiento recatado y destreza en las labores femeninas como el tejido. Eso era Lucrecia, la mejor. Violarla constituía arruinar ese prestigio y degradarla, o más bien, degradar a su marido Tarquinio

Colatino, que ya no tenía una mujer virtuosa y casta, sino una mujer «usada» por su primo. El daño era irreparable. Lucrecia, cuyo estatus de aristócrata le imponía un alto precio a su honor, llevó el razonamiento hasta sus últimas consecuencias. La única manera de acabar con la infamia que representaba su cuerpo ultrajado era hacerlo desaparecer, no sin antes advertir a sus familiares de lo sucedido para que su acto tuviera pleno sentido.

Pero ¿y su mente? En una sociedad patriarcal poco importa. En esencia, y desde el punto de vista jurídico, los romanos no distinguían entre el adulterio y la violación de la esposa. Ambas cosas eran simplemente un ataque directo al marido. Pero, al menos a fines de la República, tenían muy claro que no era lo mismo. Por eso, Tito Livio pone en boca de Lucrecia las siguientes palabras: «Colatino, únicamente mi cuerpo ha sido violado, mi voluntad es inocente». Era inocente, pero eso no bastaba (texto 3). En Roma las mujeres que sufrían abusos sexuales probablemente se limitaban a guardar silencio y, desde luego, no tenemos constancia de que se suicidaran. A pesar de las palabras de Livio, Lucrecia no fue un ejemplo a seguir, pero sí se convirtió en el epítome de la suprema importancia que tenían la castidad y la actividad doméstica en el ideal de la mujer romana republicana.

4.2. Un cambio de sistema político

Desde el punto de vista de la verosimilitud histórica, esta primera parte, un turbio enfrentamiento en la familia de los Tarquinios, resulta más fácil de aceptar que la segunda, la sublevación. Pero volvamos al relato de Livio (*Historia de Roma* 1.59-2.1). Entre los testigos que vieron suicidarse a Lucrecia estaba un tal Junio Bruto, un personaje que había pasado bastante desapercibido durante el reinado de Tarquinio. Sin embargo, ante el cadáver de la joven aristócrata vio claro el camino a seguir y tomó la iniciativa. Cogió en sus manos el puñal ensangrentado y juró, e hizo jurar a los demás, que no pararían hasta expulsar al rey junto a su familia y acabar con la monarquía. Llevaron el cuerpo de Lucrecia al foro y allí Bruto arengó a la

Fig. 14. Casto Plasencia y Maestro, *Origen de la República romana*, 1877. Museo del Prado. (Wikipedia).

población (fig. 14). Comenzó por narrar la afrenta privada y terminó haciendo un resumen de las injusticias del reinado de Tarquinio el Soberbio. El pueblo entero se levantó en armas, acabó con el sistema monárquico en Roma y eligió a los dos primeros cónsules, Junio Bruto y Tarquinio Colatino. No obstante, esta primera pareja de magistrados no duraría mucho. En la conversión de un asunto privado en una injusticia pública contra el pueblo de Roma, el marido de Lucrecia tenía una posición ambigua. Era una víctima de su primo Sexto, pero también un miembro de la familia que había reinado tiránicamente en la ciudad. Este segundo aspecto terminó por prevalecer. Así pues, Colatino acabó en el exilio y Junio Bruto con un nuevo colega en el consulado, Publio Valerio. Como ya vimos, el último rey de Roma y su familia no se rindieron. Buscaron todo el apoyo posible para volver a gobernar la ciudad, pero fue en vano. La joven República salió victoriosa de todos los encuentros militares que amenazaron su libertad.

Más allá de los acontecimientos particulares, la moderna investigación tiende a buscar factores de larga duración a la hora de explicar el cambio histórico. Es decir, hoy en día nos cuesta creer que la violación y suicidio de una mujer de la aristocracia, incluso aceptando su historicidad, fueran la causa del fin de la monarquía en Roma. También está bajo sospecha la imagen estereotipada de la autocracia del último de los Tarquinios, que bien parece sacada del capítulo sobre la tiranía de un manual de historia antigua de Grecia. Pero lo cierto es que en Roma no volvió a gobernar un rey. La aristocracia se negó a aceptar la figura de un único jefe militar y político y mantuvo exclusivamente sus atribuciones religiosas en la figura del *rex sacrorum*, «el rey de lo sagrado». Probablemente la buena marcha de Roma en el siglo VI a. C. convirtió la figura del rey en algo más importante y poderoso de lo que había sido anteriormente y la aristocracia, que se creía dueña y señora colectiva de la ciudad, no quiso seguir por ese camino. Estas son las explicaciones de la ciencia histórica. La memoria, sin embargo, funciona de otra manera.

Las tendencias de larga duración y las transformaciones progresivas pasan completamente desapercibidas en los procesos de memorialización. Por el contrario, el motor del cambio se sitúa en hechos concretos y personas individuales. Lo interesante es que los romanos conectaron un acontecimiento doméstico que tenía como protagonista a una mujer de la élite con un cambio de régimen político. Desde un punto de vista clasista tenía poco sentido. ¿Qué más le da a un campesino romano lo que le suceda a la mujer de un sobrino del rey? Pero este razonamiento es moderno. Los antiguos nunca insisten en la extracción social de Lucrecia, y sí subrayan cómo el poder descontrolado de la familia de Tarquinio acabó perturbando lo más privado que existe, el bienestar familiar. Resulta tentador pensar que, en realidad, todo comenzó con un enfrentamiento entre la élite que gobernaba la ciudad y que, en realidad, ni el pueblo tomó el caso de Lucrecia como propio ni se levantó unánimemente en armas. Esta revisión de la memoria encaja más bien con el momento de fines de la República, cuando la libertad del pueblo de Roma se convierte en tema político. En cualquier caso, esta asociación entre autocracia y familia no fue un vínculo azaroso de la memoria romana. Menos de un siglo después volvieron a utilizar el mismo esquema.

4.3. La historia se repite

A mediados del siglo v a. C. los romanos sitúan un acontecimiento único, la redacción de la primera legislación escrita, las XII Tablas. La tarea era lo suficientemente complicada como para que fuera necesario nombrar una comisión de diez hombres. La acumulación de poder nunca es buena, pensaban los romanos en la República, y, como era previsible, esos diez hombres comenzaron a actuar de manera autoritaria. Uno de los miembros de la comisión, Apio Claudio, se enamoró de Virginia, hija de un centurión y prometida de Lucio Icilio, un extribuno de la plebe —seguimos dentro de la élite romana—. Como la seducción no dio resultado debido a la castidad de la joven, el acosador hizo que un cliente suyo, Marco Claudio, la reclamara como esclava. El caso fue a juicio y un tribunal presidido por el propio Apio la declaró propiedad de Marco. Todo era una farsa y todo el mundo lo sabía.

Antes de dejarla marchar en cumplimiento de la sentencia, su padre la llevó a una zona apartada del foro y le dijo: «hija, te doy la libertad de la única manera que puedo», y acto seguido le atravesó el pecho con un cuchillo (Tito Livio, *Historia de Roma* 3.47.5-9). El resto de la historia sigue el mismo esquema que el episodio de Lucrecia. El cuerpo sin vida de la joven queda a la vista de todos en el foro, los implicados claman justicia y la ira del pueblo se enciende hasta el punto de la rebelión. El levantamiento acaba con la comisión legislativa (fig. 15). En este caso, Virginia no llega a ser violada, pero como esclava lo iba a ser. La degradación de una mujer libre al estatus de objeto de uso y abuso era tan insufrible que su padre prefirió verla muerta. De nuevo está en juego el cuerpo de la mujer y su castidad como un elemento de prestigio de un hombre, el padre en este caso. Y ante esa amenaza el hombre actúa. Al contrario que en el episodio de Lucrecia, aquí no hay espacio para la actuación femenina, ni para su palabra. Virginia no se pronuncia en ningún momento. No sabemos su opinión respecto a todo lo que sucedía a su alrededor.

Lucrecia y Virginia son dos exponentes de la mentalidad republicana. Sus muertes ilustran, por un lado, el valor social y familiar de las mujeres y, por otro, el riesgo de la concentración de

Fig. 15. Botticelli, *La historia de Virginia, c.* 1498-1504. Accademia Carrara de Bérgamo, Italia. (Wikipedia).

poder en pocas manos. Cuando este invade el ámbito privado —de la élite, hay que volver a insistir— es cuando se hace insoportable. No es casualidad que sean las dos mujeres más importantes de la memoria romana posterior al 509 a. C. Antes de esa fecha existía un ideal femenino, pero probablemente no una preocupación tan grande por subrayar la esencia de su papel en la sociedad. Por ello, con anterioridad la memoria femenina no ofrece unos límites tan estrechos. Como figuras de la memoria, Lucrecia y Virginia son,

pues, el producto de la sociedad romana en un período concreto y aun así han trascendido el tiempo de forma increíble. Pintores, poetas y novelistas han recuperado la historia de las dos mártires de la castidad en innumerables ocasiones. De Dante y Boccaccio a Shakespeare o Rousseau, la entrega de la vida para limpiar o evitar el abuso del cuerpo femenino en un contexto de opresión política ha fascinado como uno de los más emotivos dramas de la experiencia humana.

Fuentes y bibliografía

La historiografía romana surge a finales del siglo III a. C. Es entonces cuando se pusieron por escrito, por vez primera, las historias de estas mujeres y todo lo que había sucedido en Roma hasta la fecha. Esto supone un siglo y medio de diferencia cronológica en el caso de Virginia y más de cinco en el de Tarpeya y las sabinas, si atendemos a la fecha que daban los romanos para la fundación de la ciudad, el año 753 a. C. Se comprende así que resulte muy difícil rastrear el origen de estos personajes y la evolución inicial de las noticias y anécdotas de las que son protagonistas. Para complicar aún más las cosas, solo conservamos algunos fragmentos de esas obras historiográficas iniciales. Nuestra información principal proviene de época de Augusto (31 a. C. - 14 d. C.), de dos historiadores que escribieron sobre los orígenes de Roma y utilizaron de manera profusa toda la historiografía anterior. El primero es el romano Tito Livio, que compuso una magna obra en 142 libros titulada *Ab urbe condita*, literalmente «Desde los orígenes de la ciudad», también citada como *Historia de Roma*. El segundo es el griego Dionisio de Halicarnaso, cuya obra *Antigüedades romanas* aborda, con más detalle incluso, los primeros siglos de Roma. Como fuentes relevantes hay que sumar también los *Hechos y dichos memorables* de Valerio Máximo, de época de Tiberio (14-37 d. C.) y, para los acontecimientos de época de Rómulo, especialmente la biografía que le dedicó Plutarco (aprox. 40-120 d. C.) dentro de su gran colección titulada *Vidas paralelas*, y también las *Cuestiones morales* del mismo autor. Como hemos visto, se puede encontrar información muy valiosa sobre la memoria femenina arcaica en otro género literario, la poesía. Dos autores destacan especialmente, ambos de época de Augusto también, Ovidio (43 a. C. - 17 d. C.) con *Fastos* y *Arte de amar* y Propercio (aprox. 50 a. C. - 15 d. C.), autor de unas *Elegías*.

Durante mucho tiempo y hasta finales del siglo III a. C. la memoria arcaica femenina se transmitió exclusivamente de forma oral. La antropología moderna ha estudiado el funcionamiento de la memoria y la transmisión de la tradición en sociedades orales o con un uso limitado de la escritura, y sus conclusiones son sumamente relevantes para el caso romano. El trabajo con mayor repercusión, al que se ha hecho alusión anteriormente, es el libro de Jan Vansina *Oral Tradition as History*, Wisconsin, 1961. Sus reflexiones, junto con las de otros antropólogos y sociólogos, fueron utilizadas por Jan Assmann para abordar la memoria en las sociedades antiguas en una obra que ha sido traducida al castellano como *Historia y mito en el mundo antiguo: los orígenes culturales de Egipto, Israel y Grecia*, Madrid, 2011. Una introducción al caso romano puede encontrarse en Ana Mayorgas Rodríguez, *La memoria de Roma: oralidad, escritura e historia en la República romana*, Oxford, 2007, y un análisis en concreto de la memoria femenina en época arcaica y republicana en Ana Mayorgas Rodríguez, «Regimes of memory. Female remembrance from the archaic period to the end of the Roman Republic», en Cristina Rosillo-López y Silvia Lacorte, eds., *Cives Romanae. Roman women as citizens during the Republic*, Zaragoza-Sevilla, 2024, 385-408. Una síntesis reciente en castellano de la relevancia de estas mujeres puede encontrarse en los capítulos iniciales de la obra de Irene Mañas Romero *Las mujeres y las relaciones de género en la antigua Roma*, Madrid, 2019.

Las figuras asociadas al reinado de Rómulo son incluidas en lo que se considera en ocasiones la «mitología romana». Desde una perspectiva religiosa los estudios más relevantes e influyentes son los de Georges Dumézil, quien aplicó un esquema estructuralista y trifuncional al estudio del matrimonio de las sabinas y la figura de Tarpeya en *Mariages indo-européens*, París, 1969, y *Tarpeia: Essais de philologie comparative indo-européene*, París, 1947, respectivamente. Para una aproximación más histórica la obra clásica es la de Jacques Poucet *Recherches sur la légende sabine des origines de Rome*, Lovaina-Kinshasa, 1967. Recientemente, además, han aparecido dos monografías dedicadas a la figura de Tarpeya: la de Antonia A. Semioli, *Tarpeia e la presenza sabina in Roma arcaica*, Roma, 2010, y la de Tara S. Welsch, *Tarpeia. Workings of a Roman Myth*, Ohio, 2015. La figura de Tanaquil ha recibido atención especialmente como exponente del poder femenino en época arcaica. Una valoración crítica de esta interpretación puede encontrarse en Eva Cantarella, *Pasado próximo. Mujeres romanas de Tácita a Sulpicia*, Madrid, 1997. Sobre los reyes de Roma puede consultarse la obra de Jorge Martínez-Pinna, *La monarquía romana arcaica*, Barcelona, 2009. Sin duda, de todas las figuras femeninas tratadas Lucrecia es la que más interés ha despertado. La obra clásica es la de Ian Donaldson, *The Rapes of Lucretia: A Myth and Its Transformations*, Oxford, 1982, quien ya presta atención a su influencia en épocas posteriores, como lo hace la más reciente de Melissa Matthes, *The Rape of Lucretia and the Founding of Republics: Readings in Livy, Machiavelli, and Rousseau*, University Park, 2001. Por último, sobre la transición al sistema republicano sigue siendo relevante la obra de Tim Cornell, *Los orígenes de Roma c. 1000-264 a. C.*, Barcelona, 1999, y más recientemente la de Jorge Martínez-Pinna, *El nacimiento de la República romana*, en la colección Libera Res Publica (vol. 3), Sevilla-Zaragoza, 2020.

CRONOLOGÍA DE LA REPÚBLICA ROMANA

AÑO	ACONTECIMIENTO
509	Expulsión de Roma del rey Tarquinio el Soberbio. Inicio de la República
494	Creación del tribunado de la plebe después de la primera secesión
451-450	Ley de las Doce Tablas, primer código legal de Roma
445	Se autoriza el matrimonio entre patricios y plebeyos
326	La *lex Poetelia Papiria* supone la abolición de la servidumbre por deudas
312	Se construye el primer acueducto de Roma, *Aqua Appia*
304	Construcción de la Vía Apia, de Roma a Capua
287	La *lex Hortensia* da valor de ley a las decisiones de la plebe (plebiscitos)
264-241	Primera Guerra Púnica. Control romano de Sicilia, Córcega y Cerdeña
218-202	Segunda Guerra Púnica contra Cartago. Desembarco romano en la Península Ibérica
215	La *lex Oppia* restringe el uso de objetos de lujo por parte de las mujeres
Siglo II a.C.	Generalización del matrimonio *sine manu*, por el que las mujeres eluden la tutela legal de su marido
200-196	Segunda Guerra Macedónica, que finaliza con el protectorado sobre Macedonia y un control tutelado sobre Grecia
188	Plauto escribe una de sus comedias más famosas, *Anfitrión*
186	*Senatus consultum de Bacchanalibus*, decreto del Senado reprimiendo el culto al dios Baco en Italia
180	La *lex Villia Annalis* establece la normativa de acceso a las magistraturas *(cursus honorum)*
h. 160	Catón escribe su tratado *Sobre la agricultura*
149-146	Tercera Guerra Púnica. Destrucción de Cartago. Destrucción de Corinto. Creación de la provincia de Macedonia
133 y 121	Asesinatos políticos de los tribunos de la plebe Tiberio y Cayo Sempronio Graco
ca.115 o 110	Muere Cornelia, modelo ejemplar de matrona romana y madre de los Gracos
91-88	Guerra contra los Aliados. Concesión de la ciudadanía romana a los itálicos
82-81	Dictadura de Sila y proscripciones de sus adversarios políticos
73-71	Revuelta de esclavos y gladiadores liderada por Espartaco
67-66	Las leyes Gabinia y Manilia otorgan poderes extraordinarios a Pompeyo contra los piratas en el Mediterráneo y contra Mitrídates en Oriente
58	Tribunado de la plebe de Clodio: distribuciones gratuitas de trigo en Roma. Exilio de Cicerón
55	Construcción del teatro de Pompeyo, primero en piedra en la historia de Roma
51	Cicerón escribe su tratado filosófico y político *Sobre el Estado*
50	Julio César publica *La Guerra de las Galias* sobre sus campañas militares
49-45	Guerra civil entre cesarianos y pompeyanos. Victoria de los cesarianos
45	Entrada en vigor del calendario juliano (en vigor en Europa hasta 1582)
44	Asesinato de Julio César en los Idus de marzo
43	Triunvirato de Lépido, Marco Antonio y Octavio. Proscripciones
31	Batalla de Accio: victoria de Octavio sobre las tropas de Marco Antonio y Cleopatra VII
27	Octavio devuelve sus poderes al Senado, pero su gesto es rechazado. Es proclamado Augusto

ISBN 979-13-87705-09-1

Las sacerdotisas son, para muchas sociedades modernas, figuras envueltas en un halo de exotismo y fascinación, percibidas con una mezcla de curiosidad y extrañeza. Pero ¿siempre fue así? En la Roma republicana, existieron mujeres dedicadas a servir a las divinidades en nombre de su comunidad. ¿Quiénes eran? ¿Qué tareas desempeñaban? ¿Qué requisitos debían cumplir para ser elegidas? Aunque estas figuras han sido en gran medida ignoradas, un nuevo acercamiento a las fuentes no solo revela su presencia, sino también su significativa contribución a la religión romana, que nos resulta, a la vez, familiar en sus objetivos y ajena en sus prácticas. En estas páginas conoceremos a mujeres sirviendo a diversos dioses y diosas, presidiendo sacrificios, formándose en su labor e incluso aprovechando su relevancia y autoridad para influir en asuntos que iban más allá de lo estrictamente religioso. Sus vidas y aportaciones nos invitan a reexaminar nuestra percepción de la historia y a reconsiderar el papel de las mujeres en las estructuras religiosas y sociales de la Antigüedad, abriendo una ventana fascinante a una realidad que sigue siendo tan desconocida como relevante.

LIDIA GONZÁLEZ ESTRADA es contratada Juan de la Cierva en el Departamento de Ciencias de la Antigüedad de la Universidad de Zaragoza y pertenece al Grupo de Investigación Hiberus.

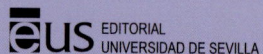

EDITORIAL
UNIVERSIDAD DE SEVILLA

1474

Prensas de la Universidad
Universidad Zaragoza